FÉDÉRATION NATIONALE
DES
SYNDICATS D'EMPLOYÉS

Rapport Moral

PRÉSENTÉ AU

20e CONGRÈS FÉDÉRAL
DE PARIS

Les 13, 14 et 15 Août 1922

PAR

Georges BUISSON

Secrétaire général

PARIS
IMPRIMERIE NOUVELLE (ASSOCIATION OUVRIÈRE)
11, RUE CADET, 11
—
1922

FÉDÉRATION NATIONALE

DES

SYNDICATS D'EMPLOYÉS

Rapport Moral

PRÉSENTÉ AU

20ᵉ CONGRÈS FÉDÉRAL

PAR

Georges BUISSON

Secrétaire général

PARIS

IMPRIMERIE NOUVELLE (ASSOCIATION OUVRIÈRE)

11, RUE CADET, 11

—

1922

Fédération Internationale des Employés et Techniciens

5, Plantage Franschelaan, Amsterdam

CONFÉDÉRATION GÉNÉRALE DU TRAVAIL

211, rue Lafayette, Paris

FÉDÉRATION NATIONALE

DES

SYNDICATS D'EMPLOYÉS

BOURSE DU TRAVAIL

3, rue du Château-d'Eau, Paris

Secrétaire général	Georges BUISSON.
Secrétaires adjoints	{ Marguerite PRÉVOST. { E. FENOT.
Trésorier	BADIN.
Trésorier adjoint	POURCHER.
Archiviste	Suzanne GIBAULT.

Membres du Conseil National.

Jules MOIDON, RAUX, BERTHIER, VILLEDIEU, THIBAULT, LAVIELLE, MARTY-ROLLAN, BADIN, BUISSON, CAPOCCI, DAVEAU, FENOT, GRENIER, HERVÉ, PLANAIS, POURCHER, Mme PRÉVOST, Mme GIBAULT, GALLECIES, GIRARD, **titulaires.**

GAIGNARD, BONNEMAIN, BELLOEUVRE, VÉRON, JOURDA, GUILLERAULT, CAILLON, VIALLE, HOCQUET, VANDALLE, **suppléants.**

RAPPORT MORAL

En 1910, au Congrès fédéral de Rouen, le Secrétaire Administratif, chargé de présenter le Rapport Moral, déplorait le manque d'action, et par suite le manque de résultats, au cours de l'exercice dont il rendait compte. « C'est une année de jachère fédérale », s'écriait-il.

Des désaccords profonds au sein de la Fédération, et qui avaient leur écho au sein du Comité fédéral d'alors, également divisé, étaient la cause de cette pénible situation.

Les mêmes causes doivent engendrer les mêmes effets. Nous avons eu à déplorer cette année des divisions et des querelles semblables, qui n'auraient pas manqué de provoquer une inertie égale si le dernier Congrès de Limoges n'avait confié la gestion de la Fédération à une Commission Administrative homogène, résolue à l'action, et dont l'effort constant a été de maintenir à la Fédération des Employés toute sa force et toute sa vigueur, malgré les tristesses de la crise syndicale que nous traversions.

Rendue difficile par les déchirements profonds qui atteignaient des syndicats, par les coalitions violentes qui s'opposaient dans tout le pays et dans toutes les corporations à la tâche de la C. G. T., l'action fédérale aurait pu être nulle si à l'effort volontaire de la Commission Exécutive, ne s'était joint le travail consciencieux du Conseil National où les délégués de Régions ont apporté une utile et efficace collaboration.

Néanmoins, en examinant la situation générale de la Fédération — et nous le ferons, comme chaque année, sans rien exagérer et sans rien farder — nous devrons considérer que nous avons traversé une période difficile et nous n'aurons pas à dépeindre sous des couleurs trop riantes l'exercice qui s'est écoulé depuis le dernier Congrès fédéral.

D'ACCORD AVEC LA C. G. T.

Tout au long de l'année 1921 les discussions de tendances au sein de la C. G. T. ont pesé sur la vie de toutes les organisations ouvrières. Elles ont accaparé le plus clair des instants des meilleurs militants, et en fin de compte pour la première fois en France, les manœuvres d'une fraction ont abouti à briser l'Unité du mouvement ouvrier.

Nos camarades comprendront donc que nous nous étendions assez longuement dans ce rapport sur nos relations avec la C. G. T. et sur la position que notre Fédération a occupée dans les discussions âpres qui se sont engagées.

Dans tous les évènements de sa vie, au cours de l'exercice qui s'écoule, la Fédération des Employés est restée en accord parfait avec la C. G. T. Elle a suivi avec discipline les indications qui lui parvenaient de l'organisme central du prolétariat français, et elle a défendu la C. G. T., son bureau et ses militants contre les attaques d'où qu'elles viennent.

D'aucuns ne nous l'ont pas pardonné. Les uns, parce qu'ils nous auraient vu avec plaisir, hurler avec la meute et participer aux calomnieuses attaques dont le résultat le plus clair a été de déchirer les organisations syndicales et de les épuiser ; les autres, parce qu'ils auraient préféré que, lâchement, nous nous fussions retirés de la mêlée, laissant seuls les militants confédéraux endosser les responsabilités et recevoir tous les coups.

Si nous n'avons pas donné satisfaction aux uns et aux autres, nous avons au moins la conscience d'avoir, en ces périodes agitées accompli tout notre devoir. On n'est pas neutre dans la bataille ; on n'est pas neutre quand les coalitions les plus immorales menacent les organisations ouvrières, quand les attaques les plus traîtresses sont réservées aux hommes qui continuent malgré tout à défendre la classe ouvrière avec tout leur dévouement et tout leur cœur !

Nous avons aussi la conviction d'être restés les fidèles exécuteurs de la volonté, plusieurs fois exprimée en divers Congrès, par les employés syndiqués.

LES CONGRÈS D'EMPLOYÉS

En 1920, à Troyes, notre 18e Congrès national corporatif exprimait sa pensée dans une résolution qui contient le passage suivant :

Le Congrès déclare, en conséquence, approuver entièrement les directives actuelles de la C. G. T. et, conformément aux décisions prises au dernier Comité confédéral national, concernant le chômage du 1er Mai, ayant pour but d'obtenir la nationalisation des services publics, il invite les employés à se conformer ce jour-là à la discipline confédérale et syndicale.

Notre 19e Congrès national, qui se tint à Limoges en mars 1921, précisait en ces termes la pensée fédérale :

Le Congrès appelé à préciser son orientation dans le mouvement ouvrier affirme son attachement à la Confédération Générale du Travail et s'élève contre le verdict de classe rendu par la XIe chambre correctionnelle de la Seine tendant à la dissolution de cet organisme nécessaire à la défense des droits de tous les travailleurs.

Organisée dans ses syndicats pour l'amélioration de ses conditions de travail et pour réaliser l'affranchissement des travailleurs par une organisation rationnelle du travail mettant fin au régime du patronat et du profit, la classe ouvrière ne laissera pas briser son organisation centrale.

Le Congrès considère que la C. G. T. ne doit ni s'opposer ni s'inféoder aux groupements politiques; elle doit poursuivre les fins économiques qui sont les siennes en laissant aux syndiqués la possibilité de poursuivre en dehors du syndicat toute action politique ou philosophique qui leur conviendra, mais en leur demandant conformément à la résolution d'Amiens 1906 de ne pas introduire dans le syndicat les dissolvantes querelles de la politique.

En conséquence, le Congrès s'élève contre toute tentative ayant pour but de faire disparaître ou d'atténuer, au profit d'une doctrine politique quelconque d'autonomie de ses groupements syndicaux.

En ce qui concerne l'action, le Congrès, pense que, sans abandonner son idéal de transformation économique, la C. G. T. devra s'attacher à toutes les revendications immédiates qui, dans le cadre de la société actuelle, pourront accroître les possibilités d'organisation des travailleurs, limiter les prétentions capitalistes et l'autorité patronale, introduire et développer le contrôle des travailleurs dans les entreprises industrielles et commerciales.

Faisant siennes les déclarations des Congrès confédéraux de Lyon (1919) et d'Orléans (1920), le Congrès national des Employés affirme son attachement à la Fédération internationale syndicale qui, depuis sa réorganisation sur les bases défendues par la C. G. T. française, constitue la force internationale ouvrière susceptible d'engager la plus efficace résistance aux menées du capitalisme international.

LES SYNDICATS D'EMPLOYÉS AUX CONGRÈS DE LA C. G. T.

D'autres consultations permirent aux syndicats d'employés d'affirmer à nouveau leur pensée. Ce furent les Congrès nationaux de la C. G. T. auxquels ils participèrent : le Congrès d'Orléans (septembre 1920) au lendemain des grandes grèves pour la nationalisation, et le Congrès de Lille (juillet 1921).

Dans ces deux Congrès, qui précisèrent les règles d'action et de discipline de la C. G. T., et donnèrent leur approbation à l'attitude observée par cette organisation, la majorité des Syndicats d'employés marqua, dans les différents votes son approbation de la gestion confédérale.

Au Congrès d'Orléans, 44 syndicats d'employés contre 15 ont approuvé le rapport moral de la C. G. T.

Au Congrès de Lille le rapport moral était approuvé par 48 syndicats d'employés contre 25.

En agissant constamment en accord avec la C. G. T., en l'aidant dans son action, en la défendant contre les attaques de ses adversaires de toutes nuances, la Commission exécutive de la Fédération s'est donc strictement conformée à la pensée et à la volonté des syndicats fédérés.

LA DISCIPLINE NÉCESSAIRE

Mais il ne suffit pas à nos Congrès de déterminer l'orientation des organisations et les règles de l'action. Cette tâche sera vaine si ensuite les minorités peuvent dans leur action publique combattre violemment et systématiquement les décisions prises.

L'organisation syndicale sera réduite à n'être plus qu'une cohue, si une discipline générale ne s'impose pas à tous pour réaliser l'effort décidé par les Congrès, expression de la volonté du plus grand nombre.

Les congrès eux-mêmes seront réduits à n'être que des parlottes sans utilité, si les débats revêtant seulement le caractère de discussions académiques ne se terminent pas par des résolutions d'action que tous les syndiqués ont le devoir de suivre.

Il ne s'agit pas là d'attenter à la liberté d'opinion de nos camarades. Tous nos Congrès, ceux de la Fédération comme ceux de la C. G. T.; toutes les décisions des Conseils nationaux ou des Comités confédéraux l'ont très nettement proclamé. La liberté d'opinion est et demeure entière au sein de la C. G. T.

Il s'agit seulement d'assurer le fonctionnement normal de nos organismes syndicaux en ne permettant point que les décisions d'action soient appliquées par les uns et combattues publiquement par les autres.

Réduire la discipline comme le demandent certains au simple paiement des cotisations, ce serait en fait la supprimer entièrement.

Ne pas la concevoir pour la préparation de l'action, ce serait, dans la plupart des cas, faire que l'action elle-même soit inopérante.

D'ailleurs, que faut-il entendre par l'action syndicale? Consiste-t-elle seulement dans les manifestations ou les grèves diverses décidées par les organisations. La comprendre ainsi c'est incontestablement réduire tout l'effort des syndicats et en diminuer la portée. Les campagnes sur l'opinion, l'exposé de nos revendications corporatives ou générales, tout cela est du domaine de l'action. Si l'on peut tolérer que des syndiqués combattent publiquement les décisions syndicales, s'opposent aux programmes ou à la propagande des syndicats ou des organisations centrales, on admet ainsi que l'effort syndical puisse être combattu et ruiné par ceux-là même qui ont le devoir d'y contribuer.

Sans discipline, il n'y a pas d'action syndicale possible.

Mais il ne suffit pas d'affirmer la nécessité de la discipline syndicale. Il faut que l'on ne puisse impunément violer cette discipline et des sanctions doivent intervenir pour empêcher que les syndiqués s'insurgent contre les décisions régulièrement prises.

C'est contre les sanctions prises par notre Fédération disciplinée dans la C. G. T. que se sont élevés violemment les désorganisateurs qui se dressent contre l'action confédérale.

LE REPROCHE DES EXCLUSIONS

La résolution criminelle qu'ils ont prise, de briser l'Unité syndicale en constituant en face de la C. G. T. régulière une organisation dissidente, éclaire maintenant complètement les agissements des agents de division et des C. S. R. qu'ils avaient constitués. La scission qu'ils avaient longuement préméditée est maintenant un fait accompli. Aussi n'aurons nous qu'à nous livrer à un simple rappel des faits pour légitimer la position de notre Fédération vis-à-vis de leurs opérations.

Lorsque notre Congrès fédéral dernier a pris les décisions qui devaient sauvegarder l'action fédérale et confédérale par l'observation d'une discipline commune; lorsqu'il a proclamé que les syndicats qui donneraient leur adhésion aux C. S. R. scissionnistes et désorganisateurs se mettaient de ce fait en dehors de la Fédération, une campagne véhémente d'interprétations erronées a été engagée par ceux-là mêmes qui viennent de créer l'organisation dissidente.

On reprochait au Congrès d'avoir commis un acte d'intolérance et porté atteinte au libre examen et au droit d'opposition des minorités. Les défenseurs de la discipline et de l'unité étaient qualifiés d' « exclueurs » et de « scissionnistes ».

Il nous suffirait de signaler, par exemple, que la Chambre syndicale des Comptables de Paris, peu de jours après le Congrès de Limoges, excluait de son sein deux syndiqués coupables d'avoir publié dans le quotidien confédéral une lettre blâmant leur secrétaire, M. Gilhodes, pour n'avoir pas réuni d'Assemblée Générale. Chacun par ce fait pourrait se rendre compte de la sincérité de certaines indignations.

Il nous suffirait, pour juger le reproche qui nous était adressé de vouloir la scission, de constater tout simplement que les auteurs de ce reproche ont fait d'eux mêmes en toute liberté et sous leur entière responsabilité la scission qui nous était reprochée.

Ainsi nous pourrons découvrir chez les manœuvriers de la dissidence un emploi singulier des mots auxquels ils n'ont cessé de donner un sens contraire à leur signification.

AU COMITÉ CONFÉDÉRAL DU 9 FÉVRIER 1921

Nous nous contenterons de rappeler que la décision prise par le Congrès Fédéral de Limoges n'était que l'application simple et nécessaire des résolutions du Comité Confédéral National du 9 février 1921 à l'égard des C. S. R.

Après avoir constaté la nécessité de mettre fin au malaise qui cause la paralysie et l'impuissance du mouvement syndical, malaise résultant de la tentative d'un parti politique qui prétend, au moyen d'injonctions et d'une campagne de calomnies jamais usitées jusqu'à ce jour, imposer ses doctrines et ses méthodes au mouvement syndical, la résolution du Comité confédéral déclarait :

Que la création de Comités syndicalistes révolutionnaires (C. S. R.) inspirés et dirigés par le gouvernement de Moscou pour pratiquer le « noyautage », pour disqualifier les militants, pour discréditer leur action, instituer des organismes de division qui tarissent le recrutement syndical, compromettant toute action d'ensemble et aboutissent au découragement général.

Qu'il est faux et déloyal de prétendre que ces groupements ont un caractère d'affinité, d'éducation et de propagande. Que, par leurs rouages locaux, régionaux et nationaux, tels qu'ils sont prévus, ils constituent une organisation de superfétation qui prétend s'ériger en face de la Confédération Générale du Travail pour violenter ses principes et entraver ses moyens d'action.

Qu'il importe donc de préciser également que l'adhésion collective ou individuelle à ce Comité constitue un acte d'hostilité déclarée à la C. G. T.

Le Comité confédéral, en prenant cette décision que vota le délégué de la Fédération des Employés, n'entendait aucunement atténuer les droits imprescriptibles des syndicats ni des syndiqués de faire acte de critique et d'opposition et d'agir ouvertement pour imposer leur tendance et leur conception économique. Il laissait intacte la liberté individuelle qui permet à tout travailleur syndiqué d'appartenir à côté du syndicat au groupement d'affinité qui répond à ses préférences philosophiques ou politiques. Aucun parti politique, aucune secte philosophique ne pouvaient se considérer atteints par cette décision qui reste en accord rigoureux avec la Charte d'Amiens qui condamne toute immixtion politique au sein de l'organisation syndicale.

Mais il entendait exiger de tous le minimum de discipline sans lequel il faudrait abandonner tout principe d'organisation, sans lequel il n'y aurait aucune décision utile ni aucune action à entreprendre.

AU CONGRES DE LIMOGES

La résolution du Comité confédéral national fut appliquée par le Congrès national des Employés, tenu à Limoges, où après avoir laissé aux C. S. R. intéressés toute possibilité de s'expliquer, de se défendre et d'attaquer (ce qu'ils n'ont pas manqué de faire très longuement), la majorité adopta la décision que voici :

Le Congrès considère que dans la Fédération, comme dans la C. G. T., la liberté d'opinion est et doit rester entière. Chaque syndiqué conserve le droit dans son syndicat, comme dans les Congrès de défendre ses conceptions personnelles.

Mais ces garanties de liberté pour le syndiqué doivent laisser à l'organisation les garanties de discipline pour le respect et l'application des décisions prises.

Sans ces garanties il ne reste aucune unité syndicale, aucune action syndicale possible.

Présentement, en violation des décisions prises par le Congrès Confédéral d'Orléans, au lendemain même de ce congrès, des individualités et des syndicats ont résolu la constitution de comités dits syndicalistes révolutionnaires (C. S. R.) reliés entre eux régionalement et nationalement et réunis par un Comité Central.

Poursuivant une œuvre de désorganisation syndicale, les C. S. R. engagent l'action contre la C. G. T., contre ses militants, contre ses résolutions prises et l'action qu'elle veut entreprendre.

En violation de toute discipline fédérale et confédérale, ils ont donné leur adhésion à l'Internationale syndicale de Moscou, organisation en formation dont le but déclaré est la désorganisation de la Fédération Syndicale Internationale d'Amsterdam à laquelle la C. G. T. française est adhérente ainsi que 25 millions de syndiqués de tous pays.

Pour développer cette œuvre de division et de désagrégation les C. S. R. et les syndicats qui y adhèrent participeront au Congrès de Moscou convoqué par la IIIe Internationale politique.

Dans la résolution qu'il a adoptée, le Comité confédéral national déclare que les syndicats adhérents à l'Internationale de Moscou et à son congrès, soit directement, soit par leur adhésion aux C. S. R. se sont mis de ce fait en dehors de la C. G. T. et perdent ainsi tout droit dans les Congrès de la C. G. T. et les Comités nationaux.

Le Congrès déclare de son côté, en application de la décision prise par le Comité confédéral que ces syndicats se sont mis en dehors de la Fédération.

Il donne mandat au Bureau fédéral de leur refuser dorénavant les cartes et timbres de la C. G. T.

Proclamant à nouveau son idéal d'affranchissement économique par la suppression du salariat, le Congrès adresse un chaleureux appel aux employés pour rallier les organisations confédérées afin d'y engager, en respect des décisions de leurs congrès, la lutte nécessaire contre le capitalisme.

Cette résolution n'a d'ailleurs été adoptée qu'après les sollicitations (demeurées vaines) adressées par de nombreux camarades aux indisciplinés d'avoir à faire disparaître leurs organismes de division.

Les C. S. R. ont depuis fait grand bruit autour du fait que, disaient-ils, 20 syndicats s'étaient prononcés pour l'adoption et un nombre égal contre. A la vérité, suivant un procédé devenu chez eux de politique courante, ils s'étaient annexé les abstentionnistes. La résolution obtint 93 mandats de 20 syndicats et seulement 44 mandats de 25 syndicats se prononcèrent contre; alors que 4 mandats de 3 syndicats s'abstenaient. Ajoutons également que parmi les opposants figurait celui des Voyageurs de Marseille qui n'a pris ni cartes ni timbres en 1021.

Les votes de la province sur cette question donnaient 5,989 syndiqués pour la majorité contre 1,914 et 258 abstentions.

Tous ces chiffres ont été publiés en leur temps; ce qui n'a d'ailleurs pas empêché les C. S. R. et leur organe communiste *l'Humanité* de répéter périodiquement et systématiquement leur mensonge.

AU CONGRES DE LILLE

Les syndicats indisciplinés, frappés par la décision du Congrès fédéral avaient manifesté de faire appel devant le Congrès de la C. G. T.

Ce Congrès eut lieu à Lille (25-30 juillet 1921). Désireuse, comme au Congrès de Limoges, de permettre aux indisciplinés de se défendre autant qu'ils le voudraient, la Fédération des Employés déclara ne faire aucune opposition à leur représentation au Congrès et, sur cette déclaration les mandats des syndicats des Voyageurs de Paris, des Comptables et des Instituteurs libres furent validés.

Les Fédérations de l'Agriculture et des Services de Santé, qui avaient comme les employés appliqué la résolution de discipline, observèrent la même attitude, inspirés par les mêmes préoccupations.

Ce souci des droits de la défense permit aux adversaires de la C. G. T. de clamer à tous les échos que le Congrès de Lille avait « repoussé les exclusions ». En proclamant cela, les dissidents savent parfaitement qu'ils altèrent la vérité. En effet, non seulement le Congrès adopta le rapport moral présenté par le Bureau de la C. G. T., rapport qui publiait et commentait la résolution du Comité confédéral dont nous parlions plus haut, mais une résolution déposée par les minoritaires de « solidarité avec les exclus » fut jointe à la résolution minoritaire sur l'orientation et repoussée avec elle.

Le Congrès de Lille adoptait par 1,572 mandats contre 1,325 et 66 abstentions une motion dont nous extrayons les passages suivants ayant trait à la discipline syndicale :

Considérant que, pour la réalisation de ce programme, le mouvement ouvrier ne dispose que d'une arme vraiment efficace :

l'Unité; le Congrès estime que la « coordination des efforts ouvriers » doit être la préoccupation dominante des militants.

Constatant, d'autre part, que dans la situation actuelle du monde, toutes les questions particulières à chaque pays sont conditionnées par des solutions internationales, le Congrès maintient son adhésion à la Fédération syndicale internationale dont le siège est actuellement à Amsterdam..

Le Congrès déclare que l'unité ouvrière ne pourra être effectivement maintenue dans l'action quotidienne, que par une discipline volontaire des syndiqués et des organisations.

Les opinions diverses qui doivent librement s'exprimer né sauraient justifier l'injure entre militants. Cette pratique est une indignité syndicale que le Congrès flétrit et condamne. La respect mutuel entre syndiqués ne porte aucune atteinte à la liberté d'opinion.

Les droits des minorités restent ce qu'ils doivent être : Personne ne peut limiter la faculté de critique; mais les minorités ont pour obligation stricte de s'incliner devant les décisions prises; sous aucun prétexte les groupements d'affinités ou de tendances ne peuvent se substituer à l'organisation corporative, départementale ou nationale; cette substitution ayant jeté la confusion et rendu toute propagande, tout effort solidaire, impossible.

L'action des minorités peut s'exercer au sein de l'organisation des Assemblées régulières des Congrès. Elle ne peut être tolérée, lorsqu'elle prend un caractère d'opposition publique aux décisions prises par la majorité.

De même qu'un syndiqué ne peut adhérer à deux syndicats, un syndicat à deux fédérations, les groupements confédérés s'interdisent d'appartenir à 2 internationales syndicales.

L'INDISCIPLINE CONTINUE

Ayant élevé l'indiscipline à la hauteur d'une institution, les C. S. R. s'empressèrent au lendemain du Congrès de Lille de tenir une Congrès, dit Congrès minoritaire, violant ainsi les décisions prises.

La Commission Administrative de la C. G. T. le 10 août, se borna à enregistrer ces nouveaux actes d'indiscipline.

Elle a apprécié les termes de la résolution votée au Congrès visant l'orientation et la discipline syndicales. Elle a considéré qu'en vertu même de cette décision, aucune fraction représentant une tendance n'était autorisée à se maintenir en congrès particulier au lendemain des assises confédérales.

Elle constate que la fraction minoritaire au lendemain du Congrès de Lille, s'est remise en congrès pour continuer la lutte de tendance au sein du mouvement ouvrier français.

Que ce congrès minoritaire est en opposition directe avec l'esprit de la résolution votée.

Qu'en plus en organisant les groupements dits C. S. R. sur la base d'une organisation nationale avec un bureau et des rouages administratifs, de propagande, ayant leur siège à l'Union des Syndicats de la Seine, la fraction minoritaire réalise un premier acte d'indiscipline et d'hostilité à l'égard des décisions prises par le Congrès de la C. G. T.

La Commission administrative constate ces faits, en souligne la gravité et elle les porte à la connaissance des organisations syndicales confédérées.

LE CONSEIL NATIONAL DU 21 AOUT 1921

Notre Conseil national, réuni le 21 août 1921, après avoir entendu le compte rendu du Congrès confédéral et approuvé sa délégation enregistrait les nouveaux actes des scissionnistes et adoptait la résolution suivante :

Le Conseil national de la Fédération nationale des Syndicats d'Employés enregistre la décision prise par le Congrès confédéral de Lille, précisant les garanties de discipline indispensables à l'action des organisations syndicales.

Il constate que les syndicats d'employés, ont, dans leur majorité, approuvé de leurs votes cette décision.

En opposition avec l'esprit de cette décision, les syndicats adhérents aux C. S. R. ont tenu au lendemain dès assises confédérales un congrès, dans lequel ils ont décidé de continuer leur besogne de division. Ils ont organisé définitivement leurs C. S. R. sur les bases d'une organisation nationale opposée à la C. G. T. et, pour mieux entretenir la confusion, ils ont installé le siège de cet organisme de dissidence dans les locaux de l'Union des Syndicats de la Seine.

Le Conseil national porte à la connaissance des syndicats d'Employés, ces faits qui montrent la volonté nettement arrêtée par les C. S. R. de ne tenir aucun compte des décisions prises par le Congrès de la C. G. T.

Le Conseil national rappelle aux syndicats d'employés que la décision prise par le Congrès fédéral de Limoges qui précise que les syndicats fédérés faisant acte d'adhésion aux C. S. R. se mettent d'eux-mêmes et par ce fait, en dehors de la Fédération.

Il considère comme un acte d'indiscipline grave susceptible d'exclusion, le fait pour un syndicat de remettre des cartes ou des timbres fédéraux à une organisation ainsi placée en dehors de la Fédération.

Il est convaincu que l'opposition faite au cours de réunions de propagande, aux décisions des congrès et des programmes d'action syndicale arrêtés par les organismes réguliers de la Fédération et de la C. G. T. ne peut avoir pour résultat que d'écarter les travailleurs de ces réunions, d'empêcher ces programmes de s'imposer à l'attention du public, de tarir le recrutement et de porter ainsi atteinte aux intérêts des travailleurs dans l'action pour les réalisations immédiates : assurances sociales, 8 heures, salaires, reconstructions des régions dévastées, etc...

Il invite sa Commission exécutive à veiller à l'application des décisions prises par les Congrès de Lille et de Limoges.

Il lui donne mandat dans le cas où un syndicat se serait mis en dehors de la Fédération, ou se serait mis dans la situation de se voir refuser les timbres fédéraux, de prendre toutes mesures utiles pour que l'œuvre fédérale puisse se poursuivre et de créer en lieu et place un syndicat fédéré acceptant de respecter les décisions des Congrès, tout en assurant un recrutement ouvert à toutes les opinions en conformité à la Charte d'Amiens.

Il adresse un chaleureux appel à tous les syndicats et à leurs adhérents pour qu'ils assurent, dans la stricte exécution des décisions de nos congrès, l'action indispensable à l'émancipation commune.

Cette résolution fut adoptée seulement après que le Conseil national eut enregistré le refus opposé par le délégué Manière de reconnaître pour valables les décisions du Congrès blâmant l'action dissolvante des C. S. R. et en recherchant la dissolution en vue d'assurer l'Unité syndicale.

LE COMITÉ CONFÉDÉRAL DU 20 SEPTEMBRE 1921

Mais les actes d'hostilité à la C. G. T. se multipliaient. L'Union des syndicats de la Seine travaillait activement à provoquer la scission dans le syndicalisme. La propagande syndicale était devenue impossible dans certaines villes par l'opposition publique des adversaires de la C. G. T. qui organisaient le sabotage systématique des réunions.

Le Comité confédéral du 20 septembre allait se trouver dans l'obligation de prendre les mesures propres à sauvegarder le syndicalisme menacé. Ces mesures, la Commission Administrative de la C. G. T. les commentait peu après en ces termes :

Aux pratiques des C. S. R., aux manœuvres des politiciens, aux menaces des dictateurs et des réactionnaires, il fallait opposer la discipline la plus solide dans l'union la plus complète. Ceux que l'on a accablés d'injures revendiquent l'honneur d'avoir accompli une partie de cette tâche.

Les résolutions des Congrès d'Orléans et de Lille; les résolutions des Comités nationaux de novembre 1920, février et septembre 1921 n'ont jamais eu d'autre but que de sauvegarder l'unité ouvrière en l'appuyant sur la discipline.

Les destructeurs qui attribuent un objet de scission à ces résolutions sont des menteurs et des hypocrites. Exclure des syndicats indisciplinés n'est pas faire acte de scission, c'est faire courageusement acte d'autorité pour sauvegarder l'unité menacée par le désordre; c'est vouloir débarrasser le mouvement syndical des éléments qui paralysent son action et menacent sa vie.

La résolution la plus suggestive qui a été votée par le Comité national de septembre 1921 ne prévoit l'exclusion que pour garantir à la fois l'action, l'unité et la liberté d'opinion. En voici les passages essentiels :

Le Comité confédéral national, résolu à rechercher tous les moyens susceptibles d'assurer une collaboration utile de tous les éléments et de toutes les tendances à l'œuvre commune, affirme que cette collaboration dans l'unité n'est possible qu'avec la condamnation de l'organisation des C. S. R. responsables de l'impuissance actuelle;

Donne mandat au Bureau confédéral et à la Commission administrative d'exiger le respect rigoureux de la motion de Lille par toutes les organisations affiliées qui ont le pouvoir d'exercer les sanctions légitimes en cas d'indicipline constatée.

En conséquence, il précise :

Les organisations qui refusent de s'incliner devant les décisions prises et de coopérer à leur application se mettent délibérément en dehors de l'unité ouvrière. Ces organisations mettent la C. G. T. dans l'obligation d'admettre sans son sein leurs minorités qui acceptent les décisions des Congrès confédéraux.

Le Comité confédéral national rappelle que la motion votée à Lille comporte les précisions suivantes :

1° La liberté d'opinion au sein de la C. G. T. a toujours été et reste pleine et entière, sans aucune limitation ni restriction. Les manifestations de cette liberté ne peuvent donner lieu à aucune sanction syndicale;

2° Mais la C. G. T. étant avant tout l'organisation de combat de la classe ouvrière, ne peut remplir son rôle essentiel qu'à condition qu'un minimum de discipline soit observé dans l'action;

Cette discipline consiste dans le respect des décisions prises, dans les conditions statutaires, par les divers organismes syndicaux tant nationaux qu'internationaux.

Tout manquement à la discipline dans l'action peut donner lieu à des sanctions allant jusqu'à l'exclusion;

3° Les organismes syndicaux ne peuvent adhérer, sans manquement à la discipline, à un groupement extérieur au syndicalisme, soit philosophique, soit politique. En particulier, ils ne peuvent adhérer aux C. S. R.

LE CONGRÈS SCISSIONNISTE

Les agents de division n'allaient pas tarder à jeter le masque. Constituer leurs C. S. R. les grouper par départements et par profession, relier le tout par un Comité central. Tout cela n'avait d'autre but que d'opposer une C. G. T. de division à la C. G. T. régulière. Lorsque les chefs estimèrent que leur besogne de décomposition était suffisamment avancée, ils provoquèrent la scission.

Après une campagne de diffamation hospitalisée par le quotidien communiste, qui devait se terminer par le vomissement d'un Gilhodes, secrétaire du Sous-Comité fédéral des Employés, les dirigeants de quelques Unions départementales et de quelques Fédérations nationales ont pris la responsabilité de convoquer un Congrès confédéral, au mépris de tous les statuts, en passant par-dessus la tête du Bureau confédéral.

Contre cet acte criminel et insensé, la Commission Administrative de la C. G. T. protestait le 7 décembre 1921 en ces termes :

La Commission administrative de la C. G. T. approuve la déclaration faite par le Bureau confédéral, soulignant l'acte d'indiscipline caractérisée accompli par les dirigeants des Fédérations et des Unions départementales qui ont convoqué un Congrès confédéral extraordinaire.

Elle constate que la convocation de ce congrès irrégulier constitue, par elle-même, un acte de scission caractérisée, que la Commission administrative décide de porter à la connaissance de toutes les organisations syndicales adhérentes à la C. G. T.

Elle rappelle que seul le Comité confédéral national peut décider de la convocation et de la tenue d'un congrès.

L'article 9 des statuts de la C. G. T. stipule que le Comité confédéral national est l'exécuteur des décisions des Congrès nationaux, qu'il intervient dans tous les éléments de la vie ouvrière et se prononce sur tous les points d'ordre général.

En conséquence, la Commission administrative de la C. G. T. considère que les organisations qui ont convoqué un semblable congrès sont en état de rébellion à l'égard des organismes réguliers de la C. G. T.

Elle déclare que si le congrès projeté a lieu, les organisations qui en ont pris l'initiative se sont d'elles-mêmes placées en dehors de la C. G. T.

Soucieuse de maintenir dans son unité l'organisation dont elle a la charge, la Commission administrative déclare s'en tenir présentement à cet avertissement. Elle estime de son devoir de s'adresser aux Unions départementales, aux Fédérations nationales et aux Syndicats pour leur signaler la gravité d'un acte que ne saurait tolérer aucune organisation régulièrement constituée et dont les conséquences ne peuvent être que de détruire toute la force ouvrière que la Commission administrative a pour devoir de sauvegarder.

De son côté, le Bureau de la Fédération, mettait par la circulaire suivante, les syndicats en garde contre le crime qui se préparait.

CIRCULAIRE N° 22.   Paris, le 9 décembre 1921.

AUX SYNDICATS D'EMPLOYÉS

La Fédération nationale des Syndicats d'Employés met en garde ses syndicats contre une nouvelle manœuvre des minori-

taires scissionnistes. Sous le titre de la C. G. T. et avec la signa-
ture de plusieurs Fédérations et Unions départementales insur-
gées contre la discipline confédérale, une convocation leur est
adressée pour assister à un congrès extraordinaire dit congrès
« unitaire » qui doit se tenir à Paris, rue de la Grange-aux-Belles,
les 22, 23 et 24 décembre.

La Fédération des Employés rappelle à ses syndicats adhérents que seul le Comité confédéral national a qualité pour
décider de la tenue d'un congrès de la C. G. T., que seul le
Bureau de la C. G. T. est qualifié pour signer les appels de convocation.

Ce congrès extraordinaire est donc un congrès irrégulier.

Il est pis que cela. Il constitue une nouvelle manœuvre des
C. S. R., organismes de division et de scission, flétris par le
Congrès de Lille et par plusieurs Comités confédéraux nationaux. Il fait partie de l'accomplissement du plan perfide de
désagrégation et de scission, préparé depuis le Congrès d'Orléans, par les agents de sa division syndicale.

Les syndicats d'employés ne seront pas dupes de la confusion
entretenue à dessein par les auteurs de ces menées. A ce congrès
irrégulier, congrès d'indiscipline et de scission, ils refuseront de
participer. Ils refuseront de répondre aux questionnaires qui
accompagnent la circulaire de convocation.

Nous joignons à cette circulaire, copie de l'avertissement que
la Commission administrative de la C. G. T. envoie aux organisations.

Nous croyons devoir y joindre notre appel afin que les syndicats d'Employés ne soient pas dupes de la confusion que les
désorganisateurs cherchent à établir et afin qu'ils se rendent
compte de toute la responsabilité qu'ils encourraient en parti-
cipant à cet acte de scission nettement caractérisé.

Nous devons à la *Vie Ouvrière*, la liste des syndicats d'employés qui n'ont pas tenu compte de notre avertissement et
qui furent représentés (quelques-uns sans le consentement de
leurs membres) à ce Congrès de désorganisateurs qui devait
se terminer par la rupture de l'unité ouvrière.

En en publiant la liste, nous indiquons la moyenne de
cotisants représentés par ces groupements. Cette moyenne a
été obtenue en divisant par 12 le nombre de timbres pris au
cours de l'année 1921. Les camarades pourront se rendre
compte que si le mouvement scissionniste fait beaucoup de
bruit il est représentatif de plus de violence que d'adhérents.

Ce soit les syndicats de : Lyon (Employés), 225 cotisants ; Limoges, 174 ; Dijon, 128 ; Bourges, 96 ; Valence (Voyageurs), 60 ; Morlaix, 80 ; Calonne-Ricouart, 50 ; Rouen (Voyageurs), 50 ; Brest, 83 ; Dieppe, 20 ; Melun, 18 ; Avignon, 16 ; Châtellerault, 16 ; Chambéry, 16 ; Alger, 16 ; Elbeuf, 12 ; Saint-Junien, 11 ; Laval, 10 ; Tarbes, 8 ; Annecy, 8 ; Bergerac, 8 ; Marseille, 8 ; Rochefort, 8 ; Saumur, 7 ; Angoulême, 5 ;

Soit un total de 1,078 syndiqués pour 26 syndicats, auxquels viennent s'ajouter les Comptables de Paris, les Voyageurs et les Instituteurs libres, qui sont depuis le Congrès de Limoges en dehors de la Fédération.

Ajoutons que, depuis le Congrès, plusieurs de ces syndicats nous ont fait connaître que leur bonne foi avait été trompée et qu'ils entendaient rester fidèles à notre Fédération et à la discipline confédérale.

Afin de tromper plus sûrement les syndiqués, les hommes qui mettaient tout en œuvre pour réaliser la scission, accusaient les militants fidèles à la C. G. T. de vouloir accomplir le crime qu'ils avaient eux-mêmes prémédité. Ils baptisaient mensongèrement « unitaire » leur Congrès de scission.

A ce moment même, la C. G. T. manifestait comme par le passé ses sentiments de conciliation. Notre Fédération eut l'occasion d'affirmer les mêmes sentiments. Jouhaux le commentait en ces termes au Comité confédéral du 14 février 1922 :

Avant le Congrès anti-statutaire de décembre, la C. G. T. a accompli un acte. Elle a reçu une lettre du Syndicat des Voyageurs de Commerce, laquelle lettre demandait à la C. G. T. de se prononcer pour savoir si le Syndicat des Voyageurs de Commerce faisant son retrait collectif en tant qu'organisation des C. S. R., la Fédération des Employés pourrait maintenir sa décision d'exclusion.

La lettre a été lue à la Commission administrative. La C. G. T. a estimé qu'elle ne pouvait pas répondre directement, que ce n'était pas elle qui avait pris la mesure d'exclusion, et qu'il appartenait en l'occurence à la Fédération des Employés de répondre à la question posée par le Syndicat des Voyageurs de Commerce. Mais, la Commission administrative de la C. G. T. se rallia à l'esprit de conciliation dont la C. G. T. avait fait preuve au Congrès deLille, et demanda à la Fédération des Employés de répondre que, devant le retrait du Syndicat des Voyageurs de

Commerce des C. S. R., la mesure d'exclusion prise par cette Fédération était annulée. La Fédération des Employés a répondu dans ce sens au Syndicat des Voyageurs; bien plus, la Fédération des Employés a déclaré au Syndicat des Voyageurs de Commerce que non seulement, s'ils faisait son retrait des C. S. R., il avait sa place à la Fédération des Employés en tant qu'organisation adhérente, mais encore que la place qui lui avait été réservée au sein du Comité fédéral, c'est-à-dire à la direction même de la Fédération des Employés, lui serait immédiatement octroyée.

Preuve de conciliation fournie par la C. G. T., preuve de conciliation fournie par la Fédération des Employés sur les indications de la C. G. T.; et à cela que répond-on? Tout d'abord, on se tait, puis, huit jours après, le secrétaire du Syndicat des Voyageurs de Commerce fait paraître un article dans le journal l'*Humanité*, dans lequel il déclare que la C. G. T. a reçu avec dédain et avec mépris la proposition qui lui avait été transmise, et qu'elle a demandé à la Fédération des Employés d'y répondre pour que celle-ci puisse mieux accuser ses mesures d'exclusion. Voilà comment on traduit la vérité, et voilà comment on écrit l'histoire.

LE CRIME EST ACCOMPLI

A leur Congrès prétendu Unitaire, les destructeurs de l'unité ouvrière ont fait la scission, ils ont constitué une C. G. T. dissidente, nommé une Commission et un bureau dissidents. Ils ont fait appel à la désertion et ont distribué aux syndicats qui se sont engagés dans cette voie des cartes et des timbres.

Les dissidents employés qui constituaient déjà un « Sous-Comité fédéral des Employés » ont transformé leur faction en une « Union fédérale des Employés » qui mit provisoirement à sa tête Gilhodes, Sarroléa, Piétry; et cette dissidence s'occupa à accentuer sa criminelle besogne en essayant de recruter des syndicats fédérés au moyen de cotisations au rabais et de briser l'unité des syndicats en provoquant la création de groupements dissidents.

Toute cette besogne continuant à être faite au nom de la C. G. T. et au nom de l'unité ouvrière, nous avons envoyé aux syndicats la circulaire suivante pour les mettre ne garde contre ce misérable camouflage :

CIRCULAIRE N° 25.   Paris, le 31 décembre 1921.

UNE MANŒUVRE DE FAUSSAIRES

Les agents de division viennent de consommer l'acte de scission qu'ils avaient préparé par la constitution de leurs C. S. R. et du Sous-Comité fédéral des employés.

Usurpant le titre de la Fédération des employés, ils invitent les syndicats à leur commander les cartes et timbres faux qu'ils éditent pour leur organisme dissident.

Prenez garde aux faussaires.

Pour rester régulièrement adhérents à la Fédération et à la C. G. T., vous devrez continuer à commander vos cartes et timbres pour 1922 au trésorier de la Fédération des Employés, Bourse du Travail à Paris.

Quelque temps après les dissidents devaient constituer définitivement leur organisation qu'ils appelèrent, toujours dans le même but de tromperie : Confédération Générale du Travail Unitaire (C. G. T. U.).

Dans cette C. G. T. U. leur propre tempérament devait rapidement les entraîner aux plus violentes querelles au point que l'un d'eux, Baligean, pouvait écrire : « Il nous a été permis de v... se dérouler les différentes phases du spectacle, et ma foi, ce que nous avons contemplé nous a fait passer de l'étonnement à la stupeur, puis au dégoût ».

La Commission Administrative de la C. G. T. régulière, afin d'assurer rapidement la continuité de l'action confédérale, dût s'attacher à reconstituer ses organisations, fédérations ou Unions départementales, partout où celles-ci avaient été entraînées à la dissidence.

Le Comité confédéral national de février 1922 permettait de constater que, résistant aux coups qui lui avaient été portés, la C. G. T. restait debout et groupait encore l'immense majorité des travailleurs syndiqués. Après une discussion, qui ne cessa d'être cordiale, un manifeste aux travailleurs était adopté à l'unanimité. Il signalait toutes les responsabilités des scissionnistes et appelait le prolétariat à l'action pour un programme précis et réaliste.

Ce document important a été adressé par nos soins à tous les syndicats; il vaut d'être reproduit ici. Le voici :

Le Comité Confédéral National :

Constate que la scission est réalisée à tous les degrés de l'organisme ouvrier.

Enregistre les efforts faits par la C. G. T. pour reconstituer l'unité au sein de la Fédération des Cheminots et souligne particulièrement que toutes les tentatives d'accord se sont heurtées à l'intransigeance injustifiée de la fraction Semard; rappelle que dans le conflit de Tourcoing l'accord aurait pu facilement être réalisé si l'arbitrage confédéral avait pu avoir lieu.

Le Comité Confédéral National enregistre qu'une fraction du mouvement syndical, passant par-dessus des organismes réguliers, a convoqué un Congrès confédéral extraordinaire.

De ce Congrès irrégulier, tenu en violation des statuts confédéraux, est sortie une deuxième C. G. T., avec ses secrétaires confédéraux, sa Commission administrative, avec son siège social distinct, avec ses cadres et ses timbres particuliers.

C'est la scission voulue et organisée.

C'est le morcellement des forces ouvrières au moment où toutes les forces de réaction mondiales se coalisent contre le prolétariat.

Le Comité Confédéral National laisse aux organisateurs de la C. G. T. U. toute la responsabilité de cette lourde faute et de ce crime contre la classe ouvrière

Le Comité Confédéral National rappelle que ce sont les décisions de ses Congrès qui ont toujours été jusqu'ici la loi suprême de la C. G. T. et qu'il est par conséquent injuste et vain de vouloir ramener les questions syndicales à d'étroites questions de personnes.

Les militants de la C. G. T. n'ont fait que défendre les conceptions que la C. G. T. avait librement adoptées.

Ils les ont défendues vigoureusement contre les entreprises tenaces et perfides des ennemis du syndicalisme.

La C. G. T. leur conserve toute sa confiance.

Le Comité central national proclame qu'aucun militant digne de ce nom ne saurait être un adversaire de l'union la plus large des forces ouvrières et que le devoir de tous est de faire l'impossible, dans l'intérêt du prolétariat, pour éviter les divisions au sein des organisations syndicales

Pour que cette unité ne puisse s'établir sur la négation du droit pour chacun de formuler librement son opinion, il faut que tous acceptent loyalement les obligations normales des groupements et qu'au sein des assemblées ouvrières se réalise une collaboration franche des éléments de toutes tendances, de toutes conceptions, dans l'intérêt supérieur de la classe ouvrière.

Ces obligations, ces conditions élémentaires de discipline indispensable, loin d'être en opposition avec la liberté d'opinion, en constituent la base la plus solide, les débats d'idées ne pouvant aboutir aux résultats recherchés qu'à la condition qu'ils se déroulent dans une atmosphère de franche camaraderie et soient inspirés uniquement par le souci d'aider au développement du mouvement ouvrier.

En conséquence de ces considérations, les organisations syndicales ont pour devoir de rentrer à la C. G. T. Elles ont toujours leur place au sein de la grande famille ouvrière. Elles doivent venir y formuler leur point de vue et travailler utilement par leur présence et leur participation effective aux travaux de la C. G. T., à l'unification de l'effort ouvrier.

En pleine indépendance

A l'heure où la C. G. T. s'apprête à reprendre le véritable combat syndical pour la défense des intérêts ouvriers et la réalisation de son programme revendicatif, elle affirme que la doctrine syndicaliste définie dans les divers Congrès confédéraux n'est pas remise en question. Le fait a été généralement constaté que la crise qu'a traversée le syndicalisme, principalement pendant les années 1921-1922, est due surtout à l'ingérence en son sein d'un parti politique. Cette constatation renforce la position adoptée par le C. G. T. depuis sa fondation à l'égard des partis politiques.

Envisageant la situation du syndicalisme telle qu'elle résulte de plus de deux années d'une campagne abominable de calomnies, de divisions, aboutissant à un confusionnisme déplorable, le Comité Confédéral National estime qu'une manifestation de la pensée générale doit être suscitée. Elle sera le point de départ de la besogne active et féconde de rétablissement de la vie confédérale.

Le mouvement ouvrier doit tirer les leçons des événements qui se sont déroulés en son sein au cours de ces deux dernières années. Il se doit d'élaborer les statuts qui la protégeront contre toute possibilité de recommencement d'une semblable besogne de destruction. Il doit adapter la constitution confédérale au caractère d'organisation sociale qu'il importe d'associer à la

C. G. T. Il lui faut déterminer ses revendications et son action quotidienne en s'inspirant de la situation économique générale.

A cet effet, écartant tout renouvellement des discussions passées et pour un examen loyal et approfondi de ces problèmes, à l'exclusion de toutes les questions qu'ont pu trancher les Congrès antérieurs, le Comité Confédéral National décide d'examiner, en sa prochaine réunion, l'urgence de la convocation d'un Congrès confédéral.

A l'ordre du jour de ce Congrès seront portées les questions essentielles suivantes :

a) Revision des statuts;

b) Programme revendicatif de la C. G. T., national et international;

c) Moyens de propagande et d'action pour le réaliser.

La Commission administrative est chargée de soumettre à l'examen du prochain Comité Confédéral National un projet de revision des statuts confédéraux.

Au Congrès ne seront admises à participer que les organisations régulièrement confédérées, remplissant les conditions de stage fixées par les statuts confédéraux.

Comme conséquence des décisions prises par le Comité Confédéral National en sa réunion de septembre 1921, reconnaissant comme régulièrement confédérées les minorités des organisations qui violent la discipline syndicale, ce sont ces minorités, devenues syndicats réguliers qui, à l'exclusion du syndicat défaillant, pourront seules être admises au Congrès.

Les Fédérations détermineront librement, chacune en ce qui la concerne et en tenant compte de toutes situations particulières, les conditions dans lesquelles les éléments qui ont quitté la C. G. T. pourront être réadmis en leur sein.

Appel aux travailleurs

Le Comité Confédéral National adresse un nouvel appel à la classe ouvrière. Il doit en être fini des discussions, des polémiques violentes et injurieuses, des calomnies, des divisions criminelles, de l'ignoble comédie inspirée par des politiciens ambitieux et dont le prolétariat fait tous les frais.

La C. G. T. ne se prêtera pas à un renouvellement de cette comédie. Dans un passé plein de luttes, de noble dévouement, d'idéal et de réalisations pratiques notre grande organisation a puisé une autorité incontestée. Pour sauvegarder cette autorité, elle se refusera à suivre sur le terrain des polémiques les éléments qui vivent de leur opposition au mouvement ouvrier, qui trouvent en elle le moyen de faire illusion sur leur propre valeur. Elle se refusera, désormais, à donner au monde ouvrier et à l'opinion publique le spectacle lamentable des réunions se déroulant dans les injures et les hurlements et se terminant par des coups.

Un programme

A partir de ce jour, après avoir constaté la situation de fait créée par le départ de quelques organisations, la C. G. T. portera la totalité de son effort de propagande sur les réformes que la classe ouvrière tient à voir réaliser. Elle s'efforcera de diriger sur ces points la totalité de l'attention et des préoccupations.

Il faut que soit défendue avec acharnement la journée de huit heures que, dans tous les pays, les agissements patronaux et les complicités gouvernementales remettent en question.

Il faut empêcher qu'un impôt inique vienne frapper le salaire ouvrier, déjà trop atteint par les impôts de consommation.

Il faut que soient obtenus une allocation et des soins pour ceux que la maladie, l'accident mettent dans l'impossibilité de travailler; une pension suffisante pour les vieux ouvriers.

Il faut empêcher qu'aboutisse la campagne menée par le capitalisme international pour mettre la main, en tous pays, sur les industries d'Etat.

Il faut proclamer que le remède à l'insuffisance de résultats tirés des monopoles d'Etat n'est pas dans la création de monopolzs privés, mais dans une réorganisation administrative et financière.

Il faut obtenir le droit syndical pour les fonctionnaires et exiger que l'Etat associe les responsabilités et les initiatives du personnel organisé à la gestion et à la direction de l'administration.

Il faut que soient défendus les droits et les intérêts des ouvriers et du pays dans la besogne de reconstruction des régions dévastées; que soit réalisé le contrôle syndical; que soit protégée la main-d'œuvre étrangère, que son recrutement et son emploi soient réglementés.

C'est à cette besogne immédiate de revendication et de défense des intérêts de la classe ouvrière que le Comité Confédéral National appelle les organisations syndicales.

Il est certain de traduire les véritables et unanimes sentiments du prolétariat de ce pays.

APRES LA SCISSION

Le Comité confédéral avait enregistré un regroupement rapide des organisations syndicales qui permettait de considérer l'avenir avec confiance. Notre Conseil national du 9 avril 1922 allait faire les mêmes constatations. Les quelques syndicats d'employés qui ont quitté la Fédération pour suivre les éléments diviseurs sont pour la plupart des groupements sans importance ni valeur, dont beaucoup avaient été créés par des manœuvriers pour tenter de constituer dans les congrès une majorité factice contre la volonté de nos camarades. La masse des syndiqués reste à notre Fédération nationale.

Dans quelques villes où le syndicat était réellement existant et où la plupart des syndiqués avaient déserté les assemblées générales devenues pour eux insupportables par le fait des éléments scissionnistes, cette abstention avait permis à une minorité tapageuse d'entraîner le groupement courir l'aventure rue de la Grange-aux-Belles. Nous avons fait appel aux éléments vraiment syndicalistes, et avec le concours des Unions départementales, des syndicats confédérés ont été reconstitués qui ont rapidement réuni des effectifs importants.

Nos syndicats vont pouvoir agir avec efficacité pour l'amélioration du sort des employés et pour leur émancipation. Pendant trop longtemps ceux qui voulaient nous quitter ont pu nous obliger les uns et les autres à discuter leurs formules démagogiques, à rétablir la vérité sur nos pensées et sur nos actes constamment déformés, à nous défendre contre les pires calomnies. Temps perdu ! que nous aurions préféré consacrer à réagir contre les efforts conjugués de la réaction patronale et gouvernementale. Temps perdu qu'il nous faut regagner.

Laissant les dissidents volontaires maintenant en face de leurs responsabilités, déverser contre eux mêmes leur trop plein de fiel et chercher à se donner une doctrine, nous devrons nous consacrer entièrement à faire connaître partout notre programme d'action et à travailler pour sa réalisation.

Chez nous, les employés, la dissidence aura fait bien du mal. Elle en a fait beaucoup plus lorsque dans nos organisations, par le noyautage organisé, elle préparait sa sortie, qu'elle n'en pourra faire maintenant qu'en dehors, elle devra se déterminer elle-même.

Les discussions violentes déchaînées au sein des organisations par des minorités plus tapageuses qu'importantes, ont réussi à éloigner de nos syndicats un certain nombre de bons camarades : « Nous ne sommes pas syndiqués pour cela » disaient-ils lorsqu'à nos efforts pour la défense des salaires, pour les huit heures ou pour les retraites, ils entendaient opposer des discussions interminables sur la IIIe Internationale ou sur la dictature du prolétariat.

En continuant ce système d'auto-destruction, il ne serait bientôt plus resté dans nos syndicats qu'une poignée de travailleurs dont la plus vive préoccupation aurait été de s'anéantir.

Maintenant la situation est clarifiée et les syndicats d'employés appuyés sur la Fédération et sur la C. G. T. vont pouvoir se consacrer entièrement aux revendications qui font leur raison d'être.

L'ACTIVITÉ FÉDÉRALE

Il nous a paru indispensable de retracer ainsi la crise que vient de traverser notre Fédération nationale ainsi que la C. G. T. Nous regrettons simplement d'avoir dû consacrer à ces faits une si large place, de même qu'ils ont accaparé une trop grande partie de nos efforts.

Le rapport présenté par le Bureau confédéral au lendemain de la scission pouvait dire :

Tant que le temps, les moyens et les hommes de la C. G. T. seront accaparés par les nécessités de la défensive contre nous mêmes, ce sera la preuve de notre faiblesse. C'est le plus grave reproche que nous devons adresser à nos camarades de la minorité, devenus aujourd'hui dissidents, d'avoir paralysé notre action, de nous avoir fait perdre notre temps en semant l'effroi et la haine parmi les travailleurs.

Ce qui est regrettable, ce n'est pas tant de voir le patronat relever la tête avec arrogance, c'est de sentir que nous sommes faibles pour lui résister,

Nous constatons que le ressort qui animait les dissidents faiblit ; que leur faillite est prochaine. Mais les coups qu'ils ont portés à l'organisation, la méfiance qu'ils ont semée, le poison qu'ils ont répandu ont rendu notre tâche pénible et alourdi notre fardeau. Cependant notre foi est supérieure et notre programme reste victorieusement debout ».

Ainsi dirons-nous également pour ce qui concerne notre Fédération.

Malgré les attaques dont votre Conseil national et votre Bureau ont été l'objet, pas un seul instant le programme fédéral n'a été oublié. Partout où les propagandistes fédéraux se sont fait entendre, ils ont placé ce programme au-dessus des querelles et de l'égarement qu'elles suscitaient chez certains. Votre Commission exécutive et votre Conseil national ont étudié avec soin les problèmes qui se présentaient et le sérieux de leur travail portera ses fruits.

LES RÉUNIONS DU CONSEIL NATIONAL

Depuis le mois de mars 1921, date de notre 19e Congrès fédéral de Limoges, le Conseil national a tenu cinq réunions : 22 mai 1921, 21 août 1921, 28 octobre 1921, 22 janvier 1922 et 9 avril 1922.

Conseil national du 22 mai 1921. — Le Conseil national mandata son secrétaire pour le Congrès international des employés à Vienne. Il adopta un projet de budget pour l'exercice à courir, et se prononça pour les Assurances sociales et contre les projets de sursalaire familial. Enfin, après avoir décidé la non participation de la Fédération aux élections pour le Conseil supérieur du Travail, le Conseil national exprima sa solidarité aux organisations ouvrières d'Italie et d'Espagne traquées par leurs gouvernements.

Conseil national du 21 août 1921. — Le Conseil national adressa un appel aux syndicats pour les secours au peuple russe affamé. Il décida sa participation au Congrès international féminin ouvrier de Genève, et il adopta un important rapport du camarade Lavielle sur les projets de règlementation des huit heures dans le commerce de détail.

Conseil national du 23 octobre 1921. — Le Conseil national adopta une résolution relative au rétablissement des relations commerciales internationales. Il se prononça pour la refonte de l'impôt sur les salaires et adressa un appel pour la solidarité en faveur des grandes grèves du Nord et des Vosges pour la défense des salaires.

Après avoir fait entendre une nouvelle réclamation en faveur de la promulgation d'un règlement d'administration publique pour l'application des huit heures, il étudia le problème de l'enseignement professionnel. Cette question devra faire l'objet d'une discussion à notre prochain Congrès.

Conseil national du 22 janvier 1922. — La veille de ce Conseil national, la plupart des délégués régionaux ont participé à une réunion de la Commission Mixte pour les huit heures. Le Conseil national approuva leur défense chaleureuse de la loi. Il prit les mesures que nécessitait la continuité de l'action fédérale devant la scission et organisa la propagande en faveur du quotidien confédéral *Le Peuple*.

Conseil national du 9 avril 1922. — Après avoir approuvé le rapport financier et celui de la Commission de Contrôle, le Conseil national invita les syndicats d'employés à participer au chômage du 1er mai. Il a engagé les syndicats à intensifier leur effort pour les huit heures menacées, et a décidé de soutenir efficacement la section fédérale des Auxiliaires de l'Etat dans sa campagne pour l'indemnité de résidence.

Le 20e Congrès fédéral devait se tenir à Saint-Etienne. Devant la défection du syndicat de cette ville, le Conseil national décida que Paris serait le siège du Congrès, dont il fixa la date et l'ordre du jour.

Ce résumé rapide des travaux du Conseil national montre que celui-ci n'a point perdu son temps, et que si passionnées qu'aient pu être les discordes qui déchiraient le mouvement ouvrier, il s'est préoccupé constamment et avant tout des intérêts qui lui étaient confiés.

LE CONSEIL SUPÉRIEUR DU TRAVAIL

Pour la première fois depuis la guerre, les syndicats furent appelés à élire des membres du Conseil supérieur du Travail. Notre Conseil national, après avoir discuté cette question, décida par la résolution suivante, de ne point présenter de candidats et demanda aux syndicats de s'abstenir de participer à ces élections. Voici la résolution adoptée :

Le Conseil National, après avoir examiné l'élection des délégués employés au Conseil supérieur du Travail, les syndicats devant être appelés à élire d'ici peu leurs représentants,

Estimant que le Conseil supérieur du Travail est une institution gouvernementale qui est chargée d'exprimer des vœux et de donner des avis concernant les questions sociales dont le Parlement et les pouvoirs publics bien souvent ne tiennent aucun compte; que les résultats obtenus jusqu'à ce jour par cet organisme ne répondent nullement aux aspirations de la classe ouvrière,

Demande aux syndicats adhérents de la Fédération de ne pas participer aux élections du Conseil supérieur du Travail.

Il n'y avait point là dans notre esprit question de tendances. Bien que notre revendication ouvrière ne puisse se satisfaire de la participation à un Comité consultatif sur la législation sociale, il est probable que si, dans l'expérience passée le Conseil supérieur du Travail avait donné quelques résultats nos camarades auraient participé à ses élections.

Mais en réalité il a fallu constater l'inefficacité de cet organisme. Les longs débats du Conseil, les résolutions qu'il a prises n'ont été écoutées que d'une oreille distraite par les pouvoirs publics qui ne le consultaient d'ailleurs que pour la forme. Les lois de protection du Travail ont été, dans l'histoire ouvrière le résultat d'âpres luttes où l'effort des syndicats confédérés imposait le plus souvent la coutume avant que le législateur ne vienne l'enregistrer. Combien de fois encore, la coutume admise, la loi votée, un retour offensif du patronat remettait tout en question et nécessitait de nouveaux efforts de la classe ouvrière !

C'est donc à l'effort syndical, au groupement de toutes les

bonnes volontés pour cet effort que nous devrons le plus ardemment nous consacrer.

Cette position d'abstention pour les élections du Conseil supérieur du Travail n'a d'ailleurs point empêché notre Fédération d'aller défendre devant cette assemblée, comme elle l'aurait fait devant tous autre, les sentiments des employés sur les problèmes qu'elle étudiait. C'est ainsi que nos avis sur les Assurances sociales et sur les projets de loi concernant les sursalaires lui ont été développés.

Si un jour, — tout arrive, — la composition et les attributions du Conseil supérieur du Travail étaient modifiées de façon à donner plus de garanties aux travailleurs et à rendre cet organisme plus utile, notre Fédération aurait à envisager à nouveau sa position à son endroit.

L'IMPOT SUR LES SALAIRES

Le Conseil national s'est prononcé sur cette question par la résolution suivante :

Le Conseil national s'associe à la C. G. T. dans la campagne qu'elle engage pour la refonte de la loi concernant l'impôt sur les salaires. Il considère comme un scandale les poursuites intentées pour le recouvrement de cet impôt, au moment où le chômage sévit sur toutes les corporations et lorsque tous les profiteurs de guerre ont pu, sans qu'interviennent les sanctions efficaces, se soustraire à la loi qui atteignait leurs superbénéfices.

En considérant qu'en aucun cas les conservateurs sociaux ne pourront arguer de la campagne contre l'impôt actuel sur les salaires pour combattre le principe de l'impôt sur le revenu, le Conseil National demande à tous les syndicats d'employés d'apporter leur effort à l'action de justice décidée par la C. G. T.

Une brochure éditée par la C. G. T. et précisant la position confédérale, en même temps qu'elle expliquait le mécanisme et le fonctionnement de la loi, a été adressée à tous les syndicats fédérés. Elle armait les militants pour leur propagande.

D'aucuns, enclins aux solutions démagogiques auraient préféré voir notre Fédération s'opposer au principe même qui servait de base à la loi. Ceux-là oublient trop facilement que parmi les salaires imposés, il y a les appointements princiers des grands directeurs des sociétés capitalistes, voire les jetons de présence des administrateurs des Sociétés financières. S'il est normal que l'impôt direct n'atteigne pas les petits salaires qui représentent tout juste les possibilités de vie, surtout tant que les travailleurs faiblement payés continueront à supporter la lourde charge des impôts indirects qui frappent la consommation, il serait souverainement injuste que l'exonération s'étende aux forts traitements publics et privés, indemnités et émoluements, salaires, pensions et rentes viagères visés par le septième cédule de l'impôt sur le revenu.

C'est pour ces raisons que notre Conseil national s'est rallié aux observations publiquement présentées par la Commission Administrative de la C. G. T. Celle-ci affirmant sa préférence pour les impôts directs qui permettent une répartition plus équitable et moins lourde pour les travailleurs, a accepté le principe de l'impôt sur le revenu. Nous avons demandé avec elle, les modifications suivantes :

1° Abandon des poursuites et saisies.

2° Annulation de l'impôt sur les salaires inférieurs à dix mille francs depuis sa date légale de première application jusqu'au jour où le Parlement aura procédé à un nécessaire remaniement;

3° Révision des taux minima de salaires imposables et fixation de ces taux à :

6,000 francs pour les communes de 50,000 habitants et au-dessous;

7,000 francs pour les communes de plus de 50,000 habitants ou situées dans un rayon de 15 kilomètres à partir du périmètre de la partie agglomérée d'une commune de plus de 50,000 habitants;

8,000 francs à Paris et dans les communes de la banlieue dans un rayon de 25 kilomètres à partir du périmètre de l'octroi de Paris.

La fraction du revenu imposable comprise entre le minimum exonéré et la somme de 10,000 francs serait comptée pour moitié.

4° Obligation de consulter les organisations ouvrières pour l'évaluation de minimum nécessaires à l'existence.

Pour cela constitution de commissions régionales et d'une commission supérieure dans lesquelles entreront les délégués des organisations ouvrières dans la proportion de 50 0/0.

Les propagandistes fédéraux ont développé avec succès cette thèse dans leurs réunions. Celle-ci qui apporte la meilleure solution du problème qui se pose encore actuellement, pourra supporter avantageusement la comparaison avec le bluff et la démagogie de ceux qui ont brisé l'unité syndicale.

LES ASSURANCES SOCIALES

Cette question a été mûrement étudiée. Garantir le travailleur contre les principaux risques : chômage, maladie, invalidité, vieillesse; l'assurer dans les circonstances difficiles, lui permettre d'élever les siens; a toujours préoccupé les organisations syndicales.

Déjà au Congrès fédéral de Troyes (1920) nos camarades s'étaient intéressés à la question de la retraite. Depuis la question a été résolue, bien qu'imparfaitement dans un certain nombre d'établissements.

Les maisons à succursales multiples déterminaient, sous la pression syndicale, un règlement de retraites; plusieurs grands magasins parisiens et diverses industries faisaient de même; et l'Union des Commis et Comptables de la Gironde réussissait à constituer une caisse de retraites autonome qui peut être citée en exemple.

Mais, quand bien même aurions-nous obtenu pour l'ensemble de notre corporation satisfaction sur la question des retraites, nous aurions considéré notre devoir d'aider les travailleurs des autres professions à conquérir les avantages que nous réclamions.

Aussi le Conseil national, après avoir étudié le projet de loi déposé par le Gouvernement, adoptait la résolution suivante :

Le Conseil National enregistre le projet du gouvernement sur les assurances sociales. Il indique notamment : qu'il est indispensable d'y adjoindre l'assurance chômage, d'assurer aux bénéficiaires dans tous les organismes d'administration et de contrôle la moitié des sièges au minimum; qu'il est indispensable d'appeler la C. G. T. à formuler ses observations; de songer aux demi-vieux et aux vieux travailleurs en leur garantissant plus de 500 francs au minimum; de réduire à l'âge de 55 ans le terme pour les retraites et d'imposer au maximum 25 années de versement en tenant compte de la situation de ceux qui n'auraient pas eu la possibilité de souscrire 25 années à dater de la promulgation de la loi : de faire venir la discussion devant le Parlement pour doter la classe ouvrière de ce pays d'un régime d'assurances sociales auquel elle a droit et qui soit digne d'elle.

Le Conseil National quand il se prononce en principe pour les assurances sociales à appliquer immédiatement pense qu'il ne diminue en rien la puissance d'action des travailleurs organisés; que nul n'a le droit de repousser les soins aux malades, les droits aux allocations dans les moments de misère des travailleurs.

. Le Conseil National repousse la thèse que les organisations faisant effort pour faire aboutir rapidement le projet du Gouvernement amendé par les travailleurs consolident le régime bourgeois.

Il invite les syndicats d'employés à l'action pour les assurances sociales, certain de bien servir les intérêts des employés et des travailleurs.

La Commission Administrative de la C. G. T. se livrait peu de temps après, au même travail. Elle arrivait à des conclusions identiques. Le résultat de son étude a été publié dans la *Voix du Peuple* de décembre 1921.

Nous avons pu nous rendre compte de l'importance et du caractère de l'opposition patronale au projet de loi du gouvernement. Aussi, il n'est pas entré dans nos intentions d'y faire des réserves fondamentales. Le rapport de la C. G. T. ne contient que des objections de détail, importantes certes, mais qui ne sauraient retarder le vote de la loi. Nous nous sommes déclarés pour le versement ouvrier, estimant que pour avoir des droits, il faut remplir des devoirs; et que pour justifier l'augmentation des salaires et leur maintien, il faut accroître les besoins ouvriers. La charge de la vieillesse, de la maladie, de l'invalidité, font partie de ces besoins accrus.

Devant la Commission parlémentaire des Assurances sociales, devant la Commission permanente du Conseil supérieur du Travail, ainsi que dans notre propagande, nous avons défendu ce point de vue, laissant aux partisans du tout ou rien le peu reluisant avantage de servir par leur opposition systématique la campagne patronale contre les assurances sociales.

LE REPOS HEBDOMADAIRE

Depuis sa promulgation, la loi sur le repos hebdomadaire a été l'objet des plus vives résistances de la part du patronat. L'affaiblissement constaté des organisations syndicales allait inciter les patrons à de nouveaux efforts pour briser la loi.

Nos camarades ont vivement résisté; leur action a pu en de nombreuses circonstances empêcher le mauvais coup de réussir. A Saint-Nazaire, notamment, l'effort vigoureux de nos camarades amenait le Préfet de la Loire-Inférieure à prendre un arrêté supprimant toutes les dérogations jusqu'alors consenties aux commerçants. Partout nous avons secondé de notre mieux l'action de nos camarades; des affiches, ont été mises à leur disposition et le concours de nos délégués régionaux ne leur a point été ménagé.

Signalons également que le Sénat adopta le 16 février 1922 une modification à la loi du 28 juillet 1906. Voici le texte adopté :

L'article 36 du Livre II du code du travail et de la prévoyance sociale est complété ainsi qu'il suit :

« L'autorisation accordée à un établissement doit être étendue aux établissements de la même ville faisant le même genre d'affaires, s'adressant à la même clientèle et compris dans la même classe de patente, une fraction d'établissement ne pouvant en aucun cas être assimilée à un établissement. »

Ce texte avait été adopté par la Chambre en 1911 sur une proposition de Paul Aubriot. Il était motivé par un arrêté scandaleux du Conseil d'Etat autorisant les Magasins de *La Samaritaine* à ouvrir le Dimanche un certain nombre de rayons sous le prétexte que des dérogations avaient été consenties à plusieurs petits commerçants vendant la même spécialité.

Mais la campagne contre le repos hebdomadaire s'est étendue à d'autres pays.

Cette question avait été comprise dans les principes qui ont été définis par le Traité de Versailles (article 27, alinéa 5) : « Adoption d'un repos hebdomadaire de 24 heures au minimum qui devrait comprendre le Dimanche toutes les fois que ce sera possible ».

Elle revint à l'ordre du jour de la 3e Conférence internationale qui se tint à Genève.

Un questionnaire avait été adressé aux différents gouvernements par le Bureau International du Travail.

La plupart se sont prononcés pour l'opportunité d'une réglementation internationale. L'Allemagne, l'Autriche, la Belgique, l'Australie, le Danemark, la Grande-Bretagne, l'Italie, la Finlande, la Grèce, la Tchéco-Slovaquie ainsi que le Canada pour diverses provinces et la Suisse pour la plupart de ses cantons ont déjà introduit cette réglementation dans leur législation.

L'intérêt d'une législation internationale en cette matière était soulignée dans les réponses de plusieurs états. La plupart des grandes entreprises ont généralement des conditions de fonctionnement similaires et lancent leurs produits dans le commerce international. L'avantage d'une réglementation internationale du repos hebdomadaire est certain en ce sens qu'il éviterait les pays ayant une législation plus libérale de se trouver infériorisés devant la concurrence internationale.

Une convention a été adoptée par la Conférence en faveur du repos hebdomadaire dans l'industrie.

En ce qui concerne le repos hebdomadaire dans le commerce, Sir Montague Barlow (Grande-Bretagne) rapporteur de la Commission proposait l'adoption d'une recommandation. Un amendement du délégué serbe tendant à l'élaboration d'une convention, comme on l'avait fait pour l'industrie a été repoussée par 46 voix contre 30. Le texte de la recommandation a été adopté par 81 voix contre 1.

La Conférence générale recommande que chaque membre de l'organisation Internationale du Travail prenne des mesures pour que dans les établissements commerciaux, le personnel puisse jouir au cours de chaque période de sept jours, d'un repos comprenant au minimum vingt-quatre heures consécutives. Elle recommande que ce repos soit, autant que possible, accordé en même temps à tout le personnel de chaque établissement et fixé aux jours consacrés par la tradition ou les usages du pays ou de la région.

Il est également recommandé que chaque membre prenne toutes dispositions utiles en vue de l'application de la recommandation et notamment en vue de définir les exceptions qu'il pourra juger nécessaires et d'en dresser la liste.

Ainsi, peu à peu, malgré des difficultés sans nombre, la protection du travail de l'employé pénètre la législation internationale. Notre effort en ce sens devra être continué et intensifié.

LES HUIT HEURES

Cette question, si importante, doit faire l'objet des discussions du prochain Congrès. Aussi nous contenterons-nous de résumer brièvement dans ce rapport l'activité de la Fédération pour la défense de la loi du 23 avril 1919.

Lors du Congrès dernier, nous avons tenu nos camarades au courant des interventions fédérales relatives au projet de décret concernant l'application des huit heures au Commerce en gros. Le décret est paru le 17 février 1921. Nous en avons publié le texte dans notre journal fédéral.

Le décret pour le gros comporte un certain nombre de dérogations :

Dérogations temporaires (surcroît extraordinaire de travail) :

a) Commerce de mareyage et salage de poissons de mer : maximum annuel 200 heures de dérogation.

b) Graines, farines, fourrages, denrées alimentaires, bois, charbons : 150 heures de dérogation.

c) Autres commerces : 100 heures réparties sur 100 jours au plus.

Dérogations permanentes : ouvriers des fours, chaudières, générateurs, éclairage, chauffage et force motrice : 1 heure et demie par jour, deux heures au lendemain de chaque journée de chômage.

Employés d'atelier, contremaîtres, chefs, hommes de service : deux heures par jour.

Surveillants, gardiens, veilleurs, livreurs : quatre heures avec maximum de travail de 12 heures par jour.

A ces dérogations, il convient d'ajouter la récupération des heures perdues. Comme on le voit, la journée de huit heures se trouve sérieusement battues en brèche dans ce décret.

Nous venons de dire qu'en de nombreuses circonstances, les patrons n'ont point fait usage de ces dérogations, tellement celles-ci se trouvaient inutiles.

Pour le commerce de détail dans les villes de plus de cent mille habitants, un décret est en préparation. Notre Fédération fut représentée à la réunion de la Commission Mixte qui se réunit au Ministère du Travail à l'effet d'examiner ce projet. Ses délégués s'opposèrent vigoureusement aux trop nombreuses dérogations réclamées par les représentants des syndicats patronaux.

Certains de nos dissidents, au nom du principe de la « lutte de classe » nous ont fait grief de cette attitude. Ils auraient sans doute préféré que nous laissions les patrons discuter seuls le projet avec le représentant du Gouvernement. Pensant que la lutte de classe ne peut en aucun cas signifier l'abstention de notre classe au moment de la lutte, la Fédération n'a point déserté ce terrain de combat. Vous direz si elle eut raison.

Si les résultats obtenus sont loin de nous satisfaire, nous devons cependant indiquer que notre vigoureuse défense des huit heures devant la Commission a réduit de façon importante les dérogations dont nos camarades étaient menacés.

Ainsi, les dérogations permanentes fixées par l'avant-projet étaient de 1 heure et demie par jour pour les chauffeurs et les employés de l'éclairage, pour les ouvriers d'entretien, le personnel de nettoyage. Après nos objections, ces dérogations ont été ramenées à une heure.

Deux heures étaient prévues pour les gardiens de bureau : cette dérogation a été ramenée à une heure.

Enfin, pour le personnel affecté à l'emballage, l'avant-projet fixait deux heures de dérogation par jour : notre protestation a fait remplacer cet article par une dérogation temporaire de 300 heures par an.

Les dérogations temporaires pour l'ensemble du personnel

étaient de 175 heures dans le projet. Nous amenions les patrons à réduire à 120 heures leur prétention.

Certes, nous le répétons, nous sommes loin de nous contenter de ces propositions. Mais on ne peut cependant manquer de signaler qu'elles auraient été tout autrement aggravées si, écoutant les extrémistes, notre Fédération ne s'était pas montrée ferme à la Commission mixte des huit heures.

Votre secrétaire général participa également dans les mêmes conditions à la réunion d'une nouvelle Commission qui avait pour objet d'examiner au point de vue technique les projets élaborés par la précédente Commission mixte. Nous vous renvoyons à la lecture de tous les documents qui ont paru sur cette question dans notre organe fédéral nᵒˢ 26 et 27.

Une affiche a été apposée dans toutes les villes pour appeler les employés à l'action. En voici le texte :

Le Sabotage des huit heures

Aux Comités d'intérêts économiques et aux parlementaires à leur dévotion, M. Peyronnet, ministre du Travail, a répondu : « La loi du 23 avril 1919 est assez souple pour donner satisfaction aux intérêts patronaux ».

Que faut-il entendre par cette déclaration?

Les employés de commerce n'ont pas tardé à le savoir.

Un projet de décret va être soumis au Conseil d'État pour le règlement des 8 heures au commerce de détail.

C'est une avalanche d'exceptions, de récupérations et de dérogations.

La conséquence du projet gouvernemental, c'est :

9 heures de travail pour les vendeurs.

10 heures de travail pour les garçons de magasins.

Le travail sans limites pour les livreurs et gardiens.

Il ne reste des huit heures que le titre de la loi.

Camarades Employés de commerce,

Votre indifférence est la cause du péril qui vous menace. Après le vote de la loi, confiants dans les promesses qui vous furent faites, vous vous êtes endormis. Vous avez déserté vos syndicats. Vos patrons ont fortifié les leurs.

Vos patrons cherchent à vous arracher, les unes après les autres, les garanties conquises par votre action syndicale. Ils ont livré bataille à la loi. Leur thèse a été écoutée par le Gouvernement.

'Mais ils ont les dents longues; pas encore satisfaits, ils réclament au Conseil d'Etat des dérogations nouvelles, le sabotage définitif des huit heures. Les laisserez-vous triompher? Il est temps de réagir. Il est temps de vous défendre.

Pour sauver les huit heures, employés de commerce, SYNDIQUEZ-VOUS, PROTESTEZ, AGISSEZ.

Nous devons continuer notre action pour la défense des huit heures dans notre corporation où elle est menacée par les nombreuses dérogations exigées par le patronat.

Mais c'est la loi elle-même qui est maintenant menacée. Les groupements patronaux, les Comités d'Intérêts économiques, ont par la presse à leur dévotion engagé une campagne affrenée. Les propositions parlementaires pleuvent qui ont pour but de suspendre ou de modifier la loi.

Associant étroitement notre effort à celui de la C. G. T., nous défendrons cette réforme qui a coûté à la classe ouvrière tant de batailles et tant de sang?

Aux sophismes, aux statistiques frelatées que présentent les groupements de réaction sociale et les parlementaires qui les servent, nous opposerons nos arguments et le résultat de nos enquêtes ouvrières. Avec l'Internationale des Employés et la Fédération syndicale Internationale, nous nous dresserons contre tous ceux qui voudraient ramener le prolétariat au servage des longues heures de travail aussi déprimantes qu'inutiles.

C'est avec cet état d'esprit que la Fédération s'est activement employée au succès du pétitionnement en faveur des huit heures organisé par la C. G. T. Des affiches, des tracts ont été mis à la disposition des syndicats qui ont recueilli de nombreuses signatures à cette pétition nationale.

LES CONSEILS DES PRUD'HOMMES

Après avoir examiné différentes questions concernant la juridiction prud'homale, le Congrès de Limoges avait émis un vœu en faveur de l'organisation par le Conseil national d'un Congrès des Conseillers prud'hommes. Votre Conseil national a dû, sinon abandonner cette idée, du moins en remettre l'exécution à une date ultérieure.

Un Congrès des Co..seillers prud'hommes s'est en effet tenu à Tours au mois de septembre 1921. Nombre de nos camarades conseillers prud'hommes employés purent participer à ce Congrès où de nombreuses questions furent envisagées. Il n'y avait plus lieu pour notre Fédération d'organiser un Congrès pour débattre les mêmes questions à quelques mois d'intervalle.

La proposition de créer une juridiction d'appel prud'homal fut favorablement accueillie à ce Congrès par les délégués patrons et ouvriers. Elle figure à l'ordre du jour de notre prochain Congrès.

L'ENSEIGNEMENT PROFESSIONNEL

Dans sa séance du 23 octobre 1921, le Conseil national se préoccupa de la question si importante et si complexe de l'Enseignement technique et de l'orientation professionnelle.

Un rapport très complet de notre camarade Lavielle lui a permis de préciser l'effort à accomplir par nos organisations dans le domaine de l'apprentissage.

La loi du 23 juillet 1919, dite loi Astier, règlementant l'organisation de l'enseignement technique dans les écoles publiques et privées et l'institution de cours professionnels et de perfectionnement pour les apprentis, les ouvriers et les employés, est maintenant entrée en application. Elle peut donner de sérieux résultats si nos camarades s'intéressent à cette application et s'ils savent y exercer l'influence de leurs compétences.

Si nous ne voulons pas que notre corporation subisse dans la qualité de la main-d'œuvre une crise qui ne manquerait pas d'affaiblir dangereusement la puissance revendicatrice de nos camarades, nous devrons entreprendre une action ferme et soutenue pour que se développent ou que se créent les organismes utiles d'enseignement professionnel. Une action aussi vigoureuse nous appelle pour préserver nos jeunes camarades de toutes les officines privées, qui ne sont en réalité que des organisations d'exploitation de l'apprenti et qui concurrencient frauduleusement les professionnels de la comptabilité ou de la sténographie.

Enfin l'orientation des jeunes vers les professions pour lesquelles ils ont le plus de vocation et d'aptitudes; faite dans des conditions qui n'encombrent pas de main-d'œuvre certaines professions alors que d'autres en manqueraient, constitue présentement un problème délicat qui mérite l'attention soutenue de tous nos syndicats.

Ces deux questions sont à l'ordre du jour de notre prochain Congrès; celui-ci ne manquera pas de les étudier avec tout le sérieux qu'elles méritent.

POUR LES AUXILIAIRES DE L'ÉTAT

L'activité de notre section fédérale des Auxiliaires de l'Etat en faveur de sa revendication principale : l'indemnité de résidence, ne s'est pas arrêtée un instant.

Manifestations, délégations, démarches, tout a été mis en œuvre pour faire accorder à ces camarades au sort si pénible et si précaire l'indemnité que maints gouvernements leur avaient formellement promise, mais qu'on retardait toujours en invoquant des nécessités budgétaires, dont on se soucie beaucoup moins quand il s'agit des gros traitements.

Nous concevions quelque espérance d'aboutir, lorsque la Chambre des Députés, à la suite d'une manœuvre de la Droite, repoussa les crédits nécessaires, au début d'une séance et en présence seulement de quelques parlementaires.

Le Conseil national du 8 avril émit la protestation suivante :

Le Conseil National proteste contre le vote de la Chambre des Députés, refusant de prendre en considération un projet de loi — pourtant bien timide — accordant l'indemnité de résidence à une partie des auxiliaires temporaires de l'Etat.

Considérant que l'octroi de l'indemnité de résidence aux auxiliaires temporaires de l'Etat ne peut se concevoir comme une augmentation de salaires, mais bien comme une mesure de justice et la matérialisation des promesses faites par les gouvernements précédents, le Conseil National décide que la Fédération des Employés appuierait vigoureusement la revendication de la Section Fédérale des auxiliaires de l'Etat qui, seule, a défendu à la fois jusqu'à présent les intérêts des auxiliaires de Paris et de la province.

Cet échec momentané n'a point, comme le pensaient nos adversaires, enterré la question qui sera reprise à la rentrée des Chambres sous la forme d'un projet de loi, préparé par notre section fédérale, et sur lequel les parlementaires seront appelés à se prononcer publiquement cette fois.

Les licenciements frappent durement les auxiliaires. Après avoir tenté, sans résultat de les empêcher ou de les atténuer, la section fit de multiples démarches pour demander l'établissement d'une prime de licenciement. Ces démarches ont abouti, au moins en partie, puisque les Chambres ont autorisé le Gouvernement à payer une indemnité aux auxiliaires licenciés.

Enfin la section a participé activement à la reconstitution du Cartel confédéré des Services publics et avec lui engage la lutte pour défendre les 720 francs menacés.

POUR « LE PEUPLE »

A maintes reprises nous avons signalé à nos camarades le concours précieux apporté par le journal *Le Peuple* à notre action syndicaliste quotidienne. Nous pouvons dire que ce journal, qui est la propriété commune, a défendu le mouvement ouvrier avec une inlassable ténacité. Aux heures difficiles, il a été un réconfort pour bien des militants. Enfin, devant les attaques furieuses auxquelles se livrent, avec le concours de leur presse, les organisations patronales contre les revendications ouvrières, le journal confédéral est devenu une nécessité.

C'est lui qui a fait connaître au grand public les solutions que la C. G. T. propose aux graves problèmes d'aujourd'hui, et qui a défendu ces solutions que tant d'autres avaient mission et intérêt de déformer.

Mais il n'est pas suffisant d'affirmer sa sympathie au journal de la C. G. T. Cette sympathie doit se matérialiser dans l'aide que tous nos camarades ont le devoir d'apporter au *Peuple*.

Lire *Le Peuple*, le faire connaître, le répandre dans son entourage : constitue un premier devoir pour les employés syndiqués. Un journal à ses débuts rencontre toujours des difficultés considérables, car il a contre lui les habitudes. Tel qui lit régulièrement un journal se résigne difficilement à le quitter, même lorsqu'il se rend compte que ce journal défend l'opposé de ses intérèts Il faut donc que le quotidien nouveau fasse sa trouée parmi la masse de ses confrères avant d'être assuré d'une vente dont le produit dépasse les dépenses.

Mais, pour vivre jusque-là, *Le Peuple*, qui n'émarge à aucune caisse noire, doit pouvoir compter sur l'action de tous les syndiqués. S'abonner au journal et lui recruter des abonnés : tel est le second devoir qui s'impose.

Enfin, en vue d'assurer l'existence du journal, le Comité Confédéral National a décidé l'édition d'un timbre que les syndiqués devront avoir sur leur carte.

Nous avons constaté avec plaisir l'effort réel qui a été fait pour *Le Peuple* par un certain nombre de syndicats fédérés. Mais tous n'ont pas encore accompli cet effort. Il reste encore des syndicats qui n'ont pas souscrit d'abonnements ; et dans d'autres la vente des timbres du *Peuple* n'a pas été poussée avec toute l'activité désirable.

Nous pensons qu'il suffira de signaler ces choses pour qu'une salutaire émulation s'empare de tous et pour que les syndicats d'employés tiennent la première place parmi les amis du journal de la classe ouvrière.

SOLIDARITÉ

La solidarité de nos camarades s'est exercée à plusieurs reprises au cours de cet exercice.

Pour les secours à apporter au Peuple russe affamé et pour aider les travailleurs du Nord et des Vosges dans leur lutte pour la défense des salaires, la Fédération s'associa aux appels de la C. G. T. Des circulaires furent adressées à plusieurs reprises et nos camarades y ont répondu dans la mesure de leurs moyens, accomplissant ainsi leur devoir à l'égard des frères qui luttent et qui souffrent.

REPRÉSENTATION A DIVERS CONGRES

En dehors du Congrès confédéral de Lille dont nous avons déjà parlé au cours de ce rapport, la Fédération a été représentée à divers Congrès :

Congrès international des Employés à Vienne, 10-12 août (délégué : Georges Buisson).

Congrès international féminin à Genève, octobre 1921 (délégué : Suzanne Gibault).

Congrès de l'application du cinématographe à l'enseignement professionnel à Paris, avril 1922 (délégué : Pourcher).

Enfin notre camarade Marty-Rollan figurait parmi la délégation française au Congrès international de Rome, avril 1922.

L'INTERNATIONALE DES EMPLOYÉS

Lors de notre Congrès dernier, nous avions la satisfaction d'informer nos camarades de la reconstitution provisoire de la Fédération Internationale des Employés, que la guerre avait fait disparaître. Notre Fédération avait participé à cette reconstitution en octobre 1920.

Le Congrès international qui se tint à Vienne du 10 au 12 août 1921 donna à l'organisation un caractère définitif; les statuts furent adoptés et la Comité exécutif définitivement désigné.

Il se compose de la façon suivante : *Président*, Otto Urban (Allemagne); 2º *Président*, G. Buisson (France); *Secrétaire*, Smit (Hollande); *Membres* : J. Hallworth (Angleterre), Jens Johansen (Danemark), Rob Klein (Tchéco-Slovaquie).

Le secrétariat fut maintenu à Amsterdam.

Les conditions de l'admission des organisations à l'Internationale ont été précisées, tant au Congrès de Vienne que dans les différentes réunions du Comité exécutif. La Fédération admet les organisations d'employés (commerce, banques assurances, industries, etc.), ainsi que le personnel technicien. Elle ne groupe que des employés d'entreprises privées à l'exclusion des employés des services publics.

Enfin les rapports et les règles de discipline de la Fédération Internationale des Employés techniciens avec la Fédération syndicale internationale ont été fixées. On décida que peuvent s'affilier à la Fédération Internationale telles organisations qui sont affiliées à leur centrale nationale, adhérente à son tour à la F. S. I. d'Amsterdam. Les organisations non affiliées à leur centrale nationale ne peuvent s'affilier à l'Internationale que si elles se rallientaux principes d'Amsterdam et si leur affiliation est approuvée par l'organisation d'employés existant dans leur pays et affiliée déjà à l'Internationale des Employés. Le Congrès international de Rome a établi de son côté que l'action générale restait du ressort de la F. S. I. et que les secrétariats corporatifs se réservaient l'action concernant leurs professions.

Des sections spéciales de techniciens et d'employés de banques ont été prévues; elles seront sous peu en plein fonctionnement.

Dès maintenant la Fédération internationale des Employés constitue, avec ses 843,000 adhérents un groupement solide. Elle occupe le septième rang parmi les secrétariats professionnels, venant immédiatement après les métaux, les transports, les mineurs, les ouvriers d'usines, les ouvriers de la terre et le textile.

Un bulletin mensuel d'informations assure la liaison entre les différentes Fédérations affiliées. Il paraît en français, en anglais et en allemand, et publie des renseignements sur la situation corporative des employés dans les différents pays.

Dès ses débuts la Fédération Internationale a manifesté son activité.

Pour la législation sociale, les stipulations légales de nombreux pays ne s'appliquent pas aux employés. Un rapport du secrétariat au Congrès de Vienne sur les législations comparées à porté les différentes données à la connaissance des congressistes et a fait surgir une intéressante discussion sur la question de savoir si les employés devaient insister pour obtenir une législation spéciale les concernant (ainsi que le demandaient les Autrichiens) ou s'il était préférable d'obtenir une législation générale concernant les ouvriers et les employés. Ce dernier point de vue est celui qui a prévalu auprès de l'exécutif. L'Internationale, considérant la solidarité d'intérêts nécessaire entre ouvriers et employés a considéré que l'effort de chacun devait tendre vers une législation unique. Nous avons défendu ce point de vue.

En ce qui concerne la législation sur la journée de huit heures et celle sur le repos hebdomadaire, menacée dans tous les pays par la réaction capitaliste, une agitation internationale énergique a été décidée pour répondre à cette offensive patronale. Une documentation sérieuse sera préparée pour armer tous les propagandistes, et des réunions sont prévues dans les grands centres avec le concours d'orateurs de nationalités différentes.

Le Congrès de Vienne prit position en ce qui concerne les difficultés du trafic, occasionnées par les passeports et les formalités douanières. Il adopta l'ordre du jour suivant :

Le Congrès de la Fédération Internationale des Employés est d'avis que, dans l'intérêt de la complète restauration des relations économiques détruites, toutes les difficultés du trafic international doivent être éliminées.

Ces difficultés se présentent en particulier par les passeports et les visites douanières inutiles au passage des frontières, formalités qui d'ailleurs n'ont pas atteint leur but : premièrement, d'empêcher les transferts de capital en d'autres pays ; deuxièmement, de barrer l'entrée aux étrangers indésirables.

Le Congrès déclare que ces formalités empêchent le trafic international nécessaire et il compte que les passeports seront abolis et les formalités douanières simplifiées et facilitées.

Le Congrès charge le Comité Exécutif d'influer sur la Société des Nations et les gouvernements des divers pays pour qu'ils procèdent dans ce sens.

Le Congrès attend des organisations affiliées qu'elles fassent tout dans leurs pays respectifs pour atteindre ce but.

Il prie la Fédération Syndicale Internationale de soutenir énergiquement toutes tentatives faites dans cette direction.

Le Secrétaire international multiplia ses interventions auprès des gouvernements intéressés. Nous l'avons secondé de notre mieux en ce qui concerne notre pays, et on peut dire que ces efforts de notre internationale n'ont pas été inutiles aux résultats obtenus pour bon nombre de pays dans lesquels on a obtenu une suppression ou une simplification des difficultés de trafic.

Enfin la solidarité internationale s'est exercée en faveur des employés hongrois. Leur mouvement syndical persécuté par le pouvoir se trouvait dans des circonstances critiques. Une action de secours fut engagée qui permit au secrétariat international de mettre à la disposition des trois organisations d'employés de Hongrie 250,000 couronnes hongroises.

Lors de notre prochain Congrès de Paris, plusieurs délégués des organisations d'employés de divers pays nous feront l'amitié de venir assister à nos travaux. Cette manifestation de solidarité morale ne manquera pas de toucher profondément nos camarades qui réserveront certainement le meilleur accueil à leurs collègues étrangers qui luttent ainsi qu'eux pour l'émancipation commune.

CONFIANCE EN L'AVENIR

A la lecture de ce résumé, que nous avons fait aussi bref que possible, nos camarades auront pu se rendre compte que, malgré les difficultés accumulées sur sa route, la Fédération nationale des Syndicats d'Employés est restée fidèle à sa mission.

Sauver l'organisation que menaçaient à la fois la violente offensive patronale et les manœuvres des politiciens divisionnistes; tel était évidemment le premier devoir auquel devaient se consacrer les administrateurs fédéraux. S'ils avaient laissé briser l'outil d'émancipation qu'est la Fédération nationale, les employés livrés sans défense à l'arbitraire patronal auraient eu raison de les blâmer de cette faiblesse.

Mais la Fédération n'a de raison d'être que si elle n'est pas inactive et son activité doit être faite de celle de tous les syndicats qui la composent. Les efforts des administrateurs fédéraux ont consisté à maintes reprises à secouer l'apathie qui semblait se manifester chez un trop grand nombre de camarades et à rappeler à tous la grandeur de l'œuvre à entreprendre.

Certes, l'état d'esprit créé dans le public par les grèves de mai 1920, les discordes suscitées dans la plupart des syndicats par les agents de la division étaient loin de favoriser leur tâche. Ils s'y sont consacré avec toute l'ardeur de leur foi syndicale et nous devons à la vérité de constater que leur effort dévoué a donné ses résultats.

Nous avons traversé une trop longue période de stérilité. Maintenant, le ciel est plus clair et les situations plus précises. La situation économique générale appelle plus que jamais les employés à se défendre et les organisations syndicales commencent à se réveiller. Des syndicats qui étaient disparus se sont reconstitués; ils ont à leur tête des militants jeunes et actifs et nous pouvons espérer pour l'exercice prochain une action générale plus féconde en résultats.

Disons enfin — et ce n'est pas pour nous une mince satisfaction — que toujours, au cours de la période difficile et trouble que nous venons de traverser, notre Fédération a vécu ardemment la vie confédérale.

Elle a participé à toutes ses batailles de la C. G. T., éprouvé toutes ses angoisses, partagé tous ses espoirs. Si nous nous rappelons le passé au cours duquel nous devions déplorer certaines défiances entre les prolétaires de l'Usine et ceux du Bureau et du Magasin, nous nous réjouirons tous de cette cordiale collaboration qui atteste qu'un progrès considérable a été réalisé dans les esprits.

L'union intime, la solidarité étroite de tous ceux sur qui pèse le salariat moderne, était une nécessité pour la défense commune. Longtemps les rivalités de catégories, que savait si bien exacerber l'adversaire capitaliste, ont été l'entrave à une vigoureuse et profitable action.

Aujourd'hui, fraternellement unis, sans conserver ces défiances imbéciles, tous dans notre C. G. T. qu'ils affectionnent, ouvriers et employés se prêtent un mutuel appui. Ils apportent à la grande tâche d'émancipation leurs qualités particulières et, en dépit des mauvais coups du sort, leur union sera féconde et le travail conquerra la place à laquelle il a droit.

En lisant ce qui précède, vous aurez pu apprécier la gestion des administrateurs de la Fédération. Nous n'avons eu en tout ceci que le souci de présenter les faits dans la vérité. Certes nous aimerions mieux faire un exposé plus nourri d'action intense et de résultats plus tangibles. Il n'a pas dépendu de nous qu'il en fut ainsi et nous avons conscience d'avoir accompli tout notre devoir et d'avoir consacré le maximum de nos forces à l'œuvre à laquelle nous devions nous employer.

Nous gardons confiance en l'avenir et nous sommes persuadés qu'avec la volonté agissante de ses militants de province et de Paris, avec l'aide de ses syndicats, en coordonnant plus que jamais son action avec celle des autres Fédérations d'Industries dans la C. G. T., la Fédération nationale des Syndicats d'Employés remplira le rôle qu'on attend d'elle : Sauvegarder les intérêts de ses membres, leur assurer un sort meilleur et travailler à la venue d'un monde plus fraternel et plus juste.

Paris. Impr. Nouvelle (Ass. Ouvr.) 11, rue Cadet. — F. Mammale, dir.—1576-22